UN ÉCRIN DE TENDRESSE POUR PANSER MES BLESSURES

Manon TIREAU

Un écrin de tendresse pour panser mes blessures

Vérone éditions

Envois de manuscrits :
Vérone éditions – 75 boulevard Haussmann – 75008 Paris

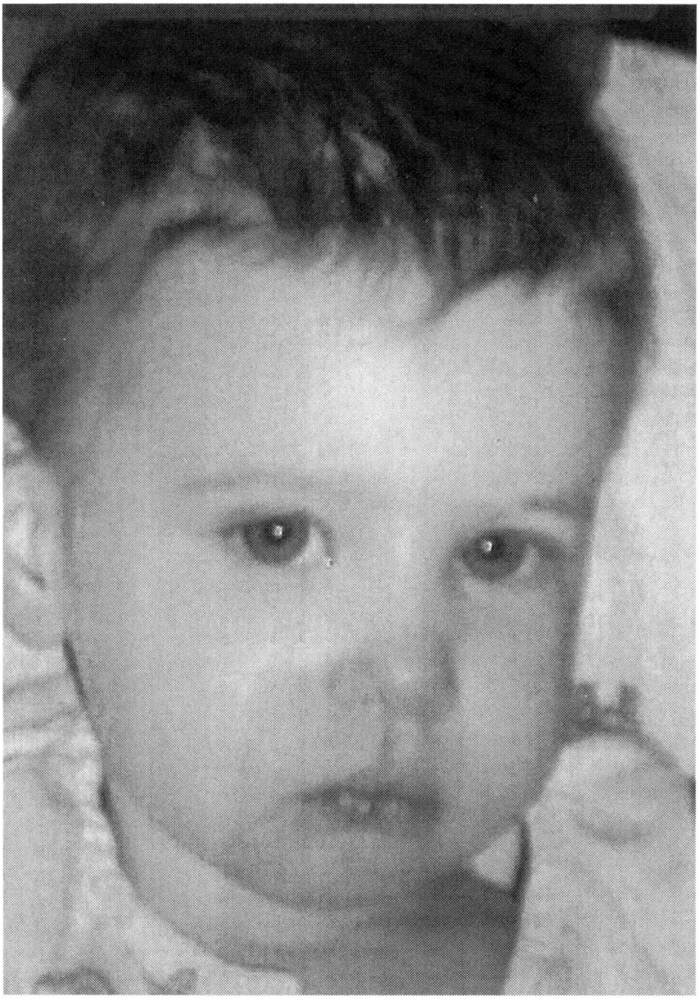

On dit que toutes les personnes
ont une deuxième vie.
Je suis l'une d'elles.
Il est certain que très peu d'entre elles
peuvent la raconter.
Je suis l'une d'elles.
Mon prénom est Manon...

PRÉSENTATION

Je suis née le neuf décembre deux mille quatre à Laval.

Ma maman, Christelle, a une solide expérience de près de quatorze ans dans les différents services de l'hôtellerie, dont l'une en tant qu'adjointe de direction au Campanile de Mayenne (cinquante-trois), où elle a connu mon papa, Julien, qui exerçait déjà le métier de cuisinier depuis sept ans dans différents établissements.

Très rapidement, ils sont tombés fous amoureux l'un de l'autre et ont donc décidé de s'installer ensemble dans une petite maison à Montreuil-Poulay (cinquante-trois), non loin de leur travail.

Ils étaient jeunes, fiers, amoureux et pleins de projets en tête.

Cinq mois plus tard, je prenais vie dans le ventre de maman. Je faisais le bonheur de la famille et la fierté de mes parents.

Mamie Colette, ma grand-mère maternelle, était tellement ravie qu'elle pleurait chaque fois qu'elle annonçait la nouvelle.

La grossesse se passait bien, et j'ai pointé le bout de mon nez à dix heures, le neuf décembre deux mille quatre, à la maternité de Laval dans la Mayenne (cinquante-trois).

J'étais un bébé adorable qui mangeait bien et ne pleurait pas beaucoup.

Plus tard, je suis arrivée dans ma maison ; tout était aménagé pour moi et tout le monde était venu me rendre visite. Les premières nuits, j'ai dormi avec mes parents, mais rapidement, j'ai pris possession de ma chambre et tout s'est très bien passé.

Mon seul problème, c'était les biberons que je régurgitais pendant des heures.

J'avais onze mois quand mes parents se sont mariés, en toute simplicité ; un mariage organisé hâtivement pour pouvoir acheter leur fonds de commerce, car en dépit de son jeune âge, papa avait de très grandes ambitions, dont celle d'être PATRON ! Peu de temps après, son vœu se réalisa en achetant une auberge qui faisait hôtel-restaurant en Mayenne, à Saint-Mars-sur-la-Futaie. L'auberge s'appelait La Camillane, née de Camille, le prénom de la fille de l'ancien propriétaire, et Anne, le prénom de sa femme.

La Camillane était un établissement très joli, avec de grands espaces verts et une vue très dégagée derrière qui offrait un paysage magnifique.

Sur la place de l'église, devant l'auberge, se dressait une aubépine millénaire qui attirait la curiosité.

Mamie Marianne, ma grand-mère paternelle, aimait cet endroit et j'aime l'écouter m'en parler.

À l'ouverture du restaurant, le premier décembre deux mille cinq, les bonnes volontés familiales ne faiblissaient pas pour aider aux mieux mes parents dans cette grande aventure.

Papi Joël aidait papa à garnir les assiettes sous les ordres de ce dernier. Maman et ma tante Émeline faisaient le service ; mamie Marianne était polyvalente, et parfois même, animait les soirées en chansons.

Un esprit d'équipe voyait le jour !

Il y avait une vraie solidarité familiale autour de ce restaurant.

Les mois passaient et j'étais toujours une petite fille adorable aux yeux de toute ma famille. Tous me gâtaient, me câlinaient… ils m'aiment, tout simplement…

Bien loin d'imaginer le pire quelques mois après…

CHAPITRE UN
LA MALADIE

UN – LE DOUTE

Mes parents avaient remarqué depuis un certain temps que je mangeais de moins en moins mes repas et que la seule chose que j'avais pour la journée était le biberon du matin. Mais un jour, celui-ci n'est pas passé et maman a remarqué que mon ventre avait curieusement grossi. Elle m'a emmenée consulter la pédiatre qui ne voyait rien d'anormal, mais qui a, par précaution, prescrit une prise de sang. Elle répondit à mes parents que si quelque chose n'allait pas dans les résultats, elle les recontacterait. La prise de sang faite, papa et maman attendaient les résultats avec impatience, très inquiets. Quelques jours après, les résultats sont arrivés avec des chiffres en gras qui n'ont, cependant, pas inquiété la pédiatre !

Seule ma tante Lise, qui est infirmière, s'inquiéta et conseilla à maman d'aller voir un autre médecin.

Un matin, j'ai vomi mon petit-déjeuner et, là, maman comprit enfin qu'il fallait faire quelque chose et prit rendez-vous avec son médecin traitant pour qu'il prenne mon dossier en main. Le médecin, comme la pédiatre, n'a rien trouvé d'anormal, et a répondu : « Un enfant ne se laisse pas mourir de faim ; ne mettez pas ça sur la médecine ! Elle n'a rien. »

Après ces réponses inadmissibles, maman est repartie sans autre examen à faire. En novembre deux mille six, mon état de santé s'aggravait et la jaunisse s'installait. Maman est retournée voir le médecin traitant qui réitéra les mêmes propos que ceux tenus lors de la consultation du mois de mai, soit sept mois plus tôt. Le premier décembre deux mille six, mes parents, en colère, ont décidé de contacter un nouveau pédiatre que l'on ne connaissait pas; celui-ci m'a reçue en consultation le jour même. Il a fait le nécessaire en voyant que j'avais la jaunisse, que je ne mangeais plus, que j'avais un gros ventre et que la prise de sang n'était pas bonne. Il nous dirigea immédiatement au centre de radiologie pour qu'on puisse faire une échographie du foie rapidement.

L'échographie une fois faite, les résultats sont remis à mes parents dans une enveloppe cachetée; il leur est dit de retourner voir tout de suite le médecin.

Cette phrase peu rassurante hanta mes parents jusqu'au cabinet médical. Arrivés là-bas, le pédiatre a regardé les résultats, et en un coup d'œil, a répondu d'un air inquiet: « Allez d'urgence au CHU de Rennes; je leur annonce votre arrivée ».

Aussitôt dit, aussitôt fait! Mes parents ont pris immédiatement la route.

Au CHU, l'équipe soignante était prévenue de mon arrivée.

DEUX – LES URGENCES

Au CHU, les prescriptions n'avaient rien de rassurant. Prise de sang... biopsie... programmées!

Rien de rassurant, mais loin de penser à un CANCER.

Le mot fait tellement peur que personne n'ose le prononcer. Des larmes s'échappaient des yeux de mes parents, car ils se doutaient au plus profond d'eux-mêmes que tous ces examens révéleraient quelque chose de grave, de terrifiant… mais quoi exactement ?

Il fallait attendre trois semaines avant d'avoir les résultats de la biopsie.

Dans l'attente des résultats, mes parents avaient organisé mon repas d'anniversaire, le neuf décembre, entourée de toute ma famille.

Plus tard, tata Émeline m'a confié que l'ambiance, ce jour-là, était vraiment étrange et pesante. Une envie de fêter ce jour particulier pour moi, mais une grosse appréhension sur la façon dont allait se dérouler cette nouvelle année.

Et si c'était le dernier anniversaire qu'on allait passer ensemble ?

Après ça, je ne pouvais plus rentrer chez moi, car je suis tombée anorexique.

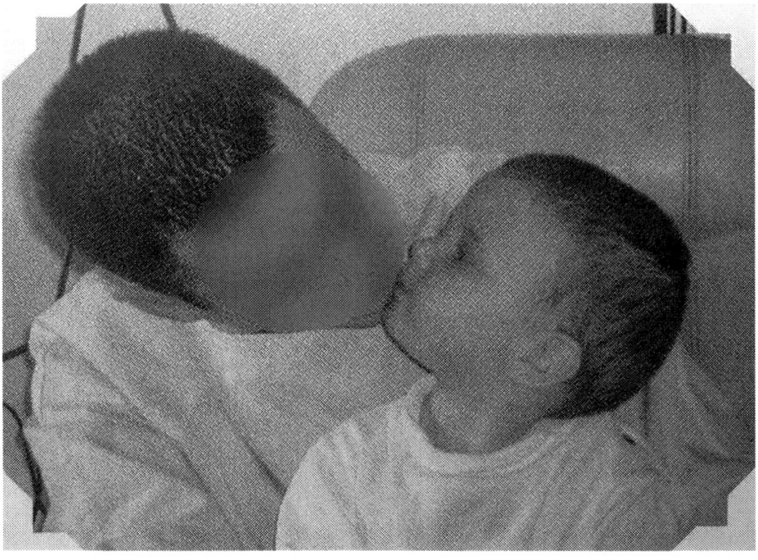

TROIS – L’ANNONCE

Quelques jours après mes deux ans, mes parents avaient rendez-vous avec la cancérologue docteur T., qui me suivra tout au long de mes soins.

— Manon a un cancer du foie ; un hépatoblastome. C’est un cancer du foie rare, qui touche les nourrissons et les enfants. Il faudra être courageux… se battre. Il y aura peut-être des mauvaises nouvelles, peut-être aussi des bonnes, mais il faut y croire et mettre toutes les chances de son côté en commençant au plus vite une chimiothérapie. À partir de maintenant, elle va suivre un protocole strict.

Avant de commencer la chimiothérapie, nous allons lui poser un cathéter qui permettra de lui administrer des médicaments sans avoir à lui refaire de multiples piqûres dans les veines.

— Est-ce que cela va lui faire mal ? demanda maman.

— Non, ce sera sous anesthésie générale, répondit le docteur qui appela une infirmière pour nous conduire dans le service oncologie pédiatrie.

Arrivés au troisième étage, au fond du long couloir à gauche, se trouvait ma chambre où j’allais commencer une nouvelle vie.

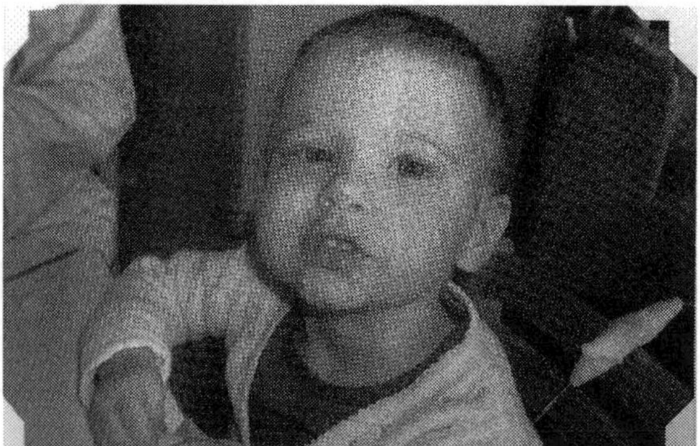

Vous ne pouvez sans doute pas imaginer ce que l'on ressent lorsqu'on vous annonce que votre enfant a un cancer.

Mes parents étaient en état de choc.

Complètement assommé par la nouvelle, mon père s'est dirigé vers la sortie de l'hôpital.

Il avait besoin d'air, une envie de pleurer… Il fallait que son bébé vive ! Une fois le choc passé, il s'obligea à respirer calmement. Il voulait maintenir une attitude digne, paraître maître de lui-même. Il tenait à se montrer courageux avant de prendre le téléphone pour prévenir la famille.

À l'annonce du verdict, la réaction a été unanime : « Non… Ce n'est pas possible… Pas notre petite Manon ! Les médecins sont certains ? Il y a peut-être une erreur ?.. ».

QUATRE – LA POSE DU CATHÉTER

Maman m'accompagna jusqu'aux portes du bloc opératoire. Le médecin était gentil, rassurant. Il a permis à mes parents de relever la tête et de reprendre courage. Le temps semblait long ; maman commençait à montrer des signes d'inquiétude quand une infirmière l'appela enfin pour être à mes côtés dès mon réveil.

Commença alors la lente… très lente mise en place du protocole… ce long chemin de croix…

CINQ – MES SOINS

Tous les jours, j'étais soumise à de nombreux soins que j'acceptais plutôt bien.

Progressivement, ma famille et moi tentions de prendre nos repères, d'apprivoiser cet hôpital qui sera, pour un temps, ma deuxième maison.

Un jour, en franchissant le sas qui m'isolait des microbes extérieurs, me voyant ligotée à ma perfusion, mes parents ne purent s'empêcher de pleurer en se disant que le pire restait à venir !

Pour traiter mon cancer, il y avait deux traitements possibles.

Peut-être en est-il de même pour tous ? Je ne sais pas !

Mais le choix du traitement se faisait par ordinateur qui sélectionnait au hasard le nom des petits malades. Mes parents avaient une semaine pour accepter ou refuser.

Une façon d'aider ou non la médecine à progresser ?

Un cauchemar aussi pour mes parents qui n'arrivaient pas à prendre leur décision entre le nouveau traitement ou l'ancien qui avait déjà fait ses preuves.

Soudain, une vérité s'imposa… avoir une entière confiance aux progrès de la médecine, car quel que soit le traitement, si la chimiothérapie n'existait pas, personne n'aurait une chance de survie aujourd'hui.

Moi-même, je ne serais plus de ce monde pour vous raconter mon histoire.

SIX – MISE EN PLACE DU TRAITEMENT

Arriva le jour de la première chimiothérapie.

Les infirmières entrèrent dans ma chambre avec gants, masques, et manipulèrent les médicaments avec beaucoup de précautions.

Des électrodes étaient réparties sur tout mon corps, une petite pince au bout de mon doigt et le goutte-à-goutte prêt à démarrer.

Moi, j'étais petite, et je ne me rendais pas forcément compte de ce qui m'attendait.

Je vivais ma vie de petite fille de deux ans, mais dans un environnement différent des autres enfants.

Je suis dans mon lit de bébé et regarde un dessin animé.

Papa en profita pour quitter la chambre sur la pointe des pieds et laisser place à la famille qui attendait dans la salle d'attente et qui sera, tout au long de mon traitement, d'une présence et d'un dévouement à toute épreuve.

Par ailleurs, je ne sais pas pourquoi, mais à cette période, j'étais en admiration de mon papi Joël ; je le réclamais tous les jours à un point que maman a été obligée de demander au médecin s'il était possible d'imprimer une photo de mon papi pour que je puisse l'avoir auprès de moi. Je l'embrassais et montrais à tout le monde que c'était MON papi Joël. C'était mignon, mais il y a eu un moment où la photo ne ressemblait plus à grand-chose, à force de l'empoigner et de l'embrasser !

Dans ce même moment, je suis aussi passée à la télévision dans le cadre d'une émission sur les enfants malades. Mon passage n'a pas duré longtemps, juste quelques secondes.

Dans le cadre de l'opération des Pièces jaunes, des journalistes sont venus dans le service pour montrer des améliorations dans le quotidien des enfants malades et pour inciter les gens à faire des dons avec pour objectif, entre autres, que l'hôpital devienne un lieu de vie comme à la maison.

SEPT – LES CLOWNS

Des clowns passaient une à deux fois par semaine dans le service pour faire rire les enfants malades. Toutes les familles trouvaient cela plaisant et distrayant. Ils ne restaient pas longtemps dans les chambres, mais leur présence dans les couloirs apportait beaucoup de bonheur dans ces lieux habités le plus souvent par un silence pesant.

La joie, la bonne humeur, les rires et les sourires étaient au rendez-vous dès leur entrée dans la chambre.

Ils portaient toujours leur costume rigolo et leur nez rouge.

En leur compagnie, les animations ne manquaient pas. On fêtait aussi les anniversaires, et même, pour le carnaval, le personnel prenait le temps de nous déguiser.

À ces gentils clowns, je veux dire MERCI… merci du fond du cœur.

Les semaines passaient lentement et les médicaments faisaient leur travail. Dès lors, plus personne ne pourrait ignorer cette terrible maladie, car ma tête chauve et mon teint jaune cireux nous la rappelleraient durant tous ces longs mois de combat très épuisant.

Pour mes parents, qui passaient plus de temps avec moi, ma transformation causée par la chimiothérapie se faisait en douceur.

C'était plus dur, plus choquant pour mes visiteurs.

Dans mes meilleurs jours, mon papi et mamie m'emmenaient en voiture dans un parc de jeux, à proximité du CHU, mais ils craignaient toujours que je tombe, que je me blesse, qu'on me bouscule. Ce qu'ils ne savaient pas, c'est qu'ils n'avaient pas le droit de m'emmener en dehors de l'hôpital.

Et, quand un jour j'ai dit devant un infirmier qu'on partait voir les « coins-coins », celui-ci demanda d'un air stupéfait : « Où est-ce qu'elle va voir des canards ? ».

Quand il a su que j'allais en dehors de l'hôpital, il parut inquiet et décida d'en parler avec le médecin-chef ; ce n'était pas prévu dans le règlement. Ce dernier est venu nous voir et nous a donné son accord pour que l'on continue d'aller là-bas, à condition qu'on n'aille pas plus loin que le parc, en cas de problèmes.

S'apprêtant à sortir avec mes grands-parents, le médecin nous interpella et me donna un sac de pain dur pour donner aux canards.

Il était gentil comme gastro-entérologue ! Je l'appelais « Tonton ».

HUIT – MON PREMIER WEEK-END

À notre plus grand plaisir, après ma deuxième séance de chimiothérapie, le docteur annonça à mes parents que je pouvais rentrer à la maison pour le week-end.

J'allais pouvoir prendre l'air, retrouver ma maison, ma chambre et mes jouets.

Je me levais pour marcher, mais mes jambes avaient un peu oublié comment fonctionner après de longs jours passés au lit. Je manquais d'assurance !

Le bonheur fut de courte durée, car durant le week-end, mon état se dégrada rapidement.

Je ne mangeais pas, et surtout, je ne buvais pas et commençais à me déshydrater.

Retour donc en catastrophe au service d'oncologie pédiatrie… perfusion, examens… pour comprendre ce qui se passait.

Ma prise de sang n'était pas bonne. J'étais, comme ils disaient, en « aplasie ».

C'est-à-dire en état de fragilité extrême où le plus petit microbe pouvait avoir des conséquences dramatiques.

Les personnes devaient m'approcher avec beaucoup de précautions. Masques, charlottes, blouses, surchaussures ; désinfection des mains obligatoires et les visites limitées à deux personnes seulement dans la chambre.

L'aplasie, c'est le moment le plus difficile à vivre, car elle peut nous emporter très haut dans le ciel si nous n'arrivons pas à la combattre.

Dans ces moments-là, les questions posées aux médecins commencent toujours ainsi :

— C'est normal, Docteur, que mon enfant soit comme-ci ou comme-ça ?

Avec toujours les mêmes réponses.

— Mais oui, Madame, c'est normal. Ne vous inquiétez pas.

Heureusement pour tous, je repris vite le dessus, aussi vite que j'étais descendue.

Une fois le choc passé, chacun essayait de se rassurer en disant :

— C'est normal, ça fait partie des effets indésirables du traitement.

Quelques jours plus tard…

Reprise du traitement avec le ballet incessant des infirmières et des médecins. Je supportais de moins en moins bien la chimiothérapie et mon état général se dégradait à nouveau.

Je ne gardais plus rien… ni liquide… ni aliments légers comme les yaourts, les compotes.

Sitôt avalé… sitôt vomi !

Je fondais à vue d'œil et ne réagissais plus. J'étais comme ils disaient « une poupée de chiffon ». Je ne souriais plus et je dormais de plus en plus.

Les médecins préparaient doucement mes parents au pire…

Pour tenter de me sauver, mamie Colette et grand-mamie (mon arrière-grand-mère maternelle) sont allées voir une « toucheuse » pour qu'elle fasse quelque chose pour moi, et grand-mamie et son amie priaient tous les jours pour que je m'en sorte et que la maladie ne prenne pas le dessus. Je me suis battue comme une folle, a dit ma famille, et j'ai surmonté cette première étape, celle de la chimio.

Depuis cet épisode, je ne suis plus jamais ressortie de l'hôpital, et ce… jusqu'à la fin du protocole !

J'étais alimentée dans les premiers temps par une sonde gastrique dans le nez en attendant des jours meilleurs. Mais la sonde m'irritait et me donnait des nausées, voire me faisait vomir parfois, risquant de graves complications pulmonaires si je faisais « une fausse route ».

Le dernier recours a donc été une gastrostomie par laquelle les aliments, l'eau arrivaient directement dans l'estomac.

Une opération supplémentaire sous anesthésie générale !

J'ai gardé ma gastrostomie plus d'un an. J'étais en maternelle à Saint-Paterne (soixante-douze) quand on a été obligé de me la retirer à la suite d'une sévère inflammation des tissus.

Toute la famille s'inquiétait de savoir si j'arriverais à manger suffisamment pour ne pas perdre de poids.

NEUF – FIN DU PROTOCOLE

Après plusieurs mois d'hospitalisation, la cancérologue donna à mes parents ses conclusions.

— Manon va mieux, la chimiothérapie a fait son travail. Son foie a bien dégonflé, ce qui nous permet de mieux voir les contours de la tumeur. Avec notre confrère, spécialisé dans ce genre d'opération, nous allons pouvoir étudier le dossier de Manon et programmer dès que possible son opération.

DIX – RENCONTRE DU PROFESSEUR

Quelques jours plus tard, le professeur accueillit mes parents dans son bureau pour leur expliquer le déroulement de l'opération.

Mes parents étaient confiants ; ils pensaient à tort que le plus grave était derrière nous.

Ce que leur dit le professeur les laissa sans voix.

— L'opération sera plus compliquée que je ne l'avais imaginé, car la tumeur est collée à la veine cave, donc, gros risques d'hémorragie. Je peux tenter l'opération, mais vous devez savoir que ce n'est pas sans risque et que votre petite Manon peut succomber pendant l'opération. Je suis sincèrement désolé d'avoir à vous dire cela, déclara-t-il à mes parents.

ANÉANTIS… Mes parents étaient anéantis !

Une fois de plus, ils étaient confrontés à un affreux dilemme : soit ils refusaient l'opération et je mourrais dans les semaines à venir, soit ils acceptaient en prenant le risque de précipiter mon départ.

Le choix était terrible, et bien que la réussite fut incertaine, ils décidèrent à nouveau de faire confiance aux progrès de la médecine.

Ma survie était une fois de plus entre les mains du hasard et des grands professeurs.

La veille de cette opération, Marianne et Joël (mes grands-parents paternels) m'ont emmenée passer une après-midi à notre parc habituel pour se promener, faire du toboggan… se détendre un peu. Mamie avait très peur de ce qui allait se passer le lendemain. Elle a même dit à papi en me regardant jouer :

— Imagine si c'est la dernière fois qu'on la voit !

ONZE – JOUR J

Tôt le matin, branle-bas de combat général dans les couloirs. À l'hôpital, les journées commencent tôt : dès six heures du matin. C'est l'heure où tout se met en place.

L'heure où le silence est troublé par des voix, des rires, le bruit des pas et les portes qui claquent.

Puis les médecins et les renforts se pressèrent autour de moi et la présence de mes parents ne fut plus nécessaire.

Allongée dans mon petit lit, je défilais longuement dans les couloirs pour aller au bloc.

À mon arrivée, deux blouses blanches, sourire aux lèvres me disent : « Bonjour Manon ».

On me sourit, on me parle, on me rassure, puis… plus RIEN… je dors !

Mes parents souffraient… Les infirmières connaissaient bien ces signes et les rassurèrent.

Leurs voix étaient douces, pleines de délicatesse et de respect.

Comment font-elles pour ne pas se laisser atteindre par ce trop-plein d'émotions ?

Comment font-elles pour continuer à rire malgré tout ?

Comment acceptent-elles de voir disparaître parfois des patients pour lesquels elles se sont inquiétées, pour lesquels elles ont couru dans les couloirs pour tenter l'impossible ? J'éprouve une grande sympathie pour toutes ces personnes qui donnent le meilleur d'elles-mêmes pour sauver des vies. Leur engagement et leur grand dévouement suscitent mon admiration… vraiment !

Huit heures… Mon opération a duré huit longues heures avec deux chirurgiens du CHU de Rennes pour assister le grand professeur.

Huit heures d'angoisse avant que les infirmières viennent à la rencontre de mes parents.

— Le professeur va venir vous voir…

L'appréhension montait d'un cran. Qu'allait-il nous annoncer ?

Il arriva enfin… épuisé, mais souriant.

— L'opération s'est bien déroulée. Toute la tumeur a pu être retirée avec les trois quarts du foie et la vésicule biliaire.

Je suis en vie… encore porteuse d'un lendemain incertain… mais en vie !

C'était presque incroyable… impensable il y a huit heures.

Ça tient vraiment du MIRACLE ! « Merci, Professeur… merci infiniment ! »

Ça y est, j'étais enfin débarrassée de cette vilaine tumeur. Encore quelques jours d'hospitalisation et le cauchemar sera derrière moi, derrière nous tous !

Les traits de mon visage, autrefois boursouflés à cause des médicaments, ont retrouvé leur finesse et mon teint a repris un peu de couleur.

Seules mes cicatrices m'accompagneront tout le reste de ma vie !

Depuis le début, j'ai été une vraie petite battante. J'avais encore plein de choses à vivre, alors c'était hors de question que la vie s'arrête là pour moi.

C'EST MA VIE… MA BATAILLE !

Pour l'heure, la page de cette maudite maladie est tournée définitivement.

C'est fou ; au fil des mois, mes parents, ma famille, avaient fini par oublier que cette mauvaise période prendrait fin !

Les quatre premières années de ma vie se résument ainsi :

radios, échographies, biopsie, pose d'un cathéter, chimiothérapies, une gastrostomie, de multiples prises de sang, électrocardiogrammes, ablation de la vésicule biliaire et les trois quarts de mon foie, six mois d'hospitalisation, perte de mes cheveux… et quatre anesthésies générales… Que d'épreuves !

DOUZE – MA SORTIE

Enfin le jour de ma sortie… Ma délivrance !

Dans les couloirs que nous traversions, le personnel hospitalier et ma cancérologue, le docteur T.,

me regardaient passer en m'applaudissant, en me chuchotant plein de petits mots gentils et en me souhaitant un bon retour dans ma maison.

C'était très émouvant, m'ont dit mes parents.

« La victoire » après de longs mois de combat et d'incertitude !

Si tous les métiers ont leur nécessité, certains sont plus nécessaires que d'autres.

Toutes ces infirmières, ces médecins, ces grands professeurs que l'on supplie de faire

« TOUT » pour guérir et sauver ceux que l'on aime mériteraient qu'on leur prête plus d'attention… Une médaille par exemple, ou un trophée, comme une jolie « main en or » pour symboliser et récompenser leur SAVOIR et leur très grande MAÎTRISE.

Aujourd'hui, je suis guérie, c'est ma plus grande réussite !

CHAPITRE DEUX
RETOUR À LA VIE

UN – RETOUR À LA VIE

C'était les beaux jours, j'étais guérie du cancer et la vie reprenait son cours comme avant. Tous étaient fiers du combat que j'avais su surmonter alors que je n'avais que deux ans et demi.

Si on a du mal à s'habituer à la souffrance, le retour au bonheur se fait très rapidement, comme s'il ne m'avait jamais quitté.

Il n'y avait pas de consignes particulières, sauf de ne pas me forcer à manger et me laisser manger ce que je voulais et à n'importe quelle heure de la journée. Le but était que je retrouve goût progressivement à la nourriture. Bien évidemment, comme mon appétit de « moineau » ne suffisait pas pour me maintenir à un poids correct, avec ma gastrostomie j'étais nourrie en plus la nuit, à faible débit pour ne pas me faire vomir, et ce jusqu'à mes trois ans et demi.

C'est ma tante Émeline, qui n'avait que seize ans, qui s'occupait de refaire mes pansements, de changer les poches et de les brancher, car je ne voyais que par elle et c'est avec elle aussi que je pleurais le moins.

À cette époque, Émeline était en études de puéricultrice et ma maladie l'a confortée dans son choix qu'elle a su mener à terme, contrairement à ma tante Lise, qui ne souhaitait plus faire puéricultrice, mais urgentiste, car la présence d'enfants malades l'aurait trop replongée dans ces mauvais souvenirs.

Si d'un côté la chimiothérapie guérit, elle fragilise aussi notre corps et la vie de famille.

Peu de temps avant la rentrée des classes, je me suis fracturé le tibia en descendant gentiment de la voiture.

Encore un des effets indésirables de la chimiothérapie.

C'est donc en poussette que je fis ma première rentrée en maternelle à Saint-Mars-sur-la-Futaie (cinquante-trois).

Je tenais mon doudou bien serré dans mes bras pour me donner du courage, mais pressée quand même de connaître ma maîtresse d'école.

Mes parents étaient plus émus que moi parce qu'ils ne m'imaginaient pas un jour arriver devant la porte de cette école.

Tous les jours, ils me rappelaient constamment d'être sage et de bien écouter la maîtresse, mais immanquablement, à chaque cours, je parlais, parlais sans cesse. Le personnel me surnommait gentiment « Pipelette » pour mon bagou.

Bien que je ne faisais pas physiquement tout ce que les autres élèves faisaient, j'étais bien heureuse parce que j'étais très entourée et aimée de ma famille et des personnes qui connaissaient mon histoire.

Puis, un jour, papa changea totalement d'attitude à mon égard sans que je comprenne pourquoi, vu mon très jeune âge.

Il devenait distant et beaucoup moins patient.

Quelques mois plus tard, il dut à son plus grand regret déposer le bilan et recommencer à contrecœur une nouvelle vie ailleurs.

Une déception immense qui le plongea dans une dépression.

Si dans certaines familles, la maladie resserre les liens, chez nous, elle a eu l'effet inverse, car il me tenait responsable de son échec.

En était-il vraiment le cas ? Je n'ai pas demandé à être malade, je n'ai pas demandé à ce qu'on m'en veuille, je n'ai pas demandé cet échec !

À partir de là, tout ce qui me concernait ne l'intéressait plus.

Il oubliait des dates importantes comme mes visites de contrôle au CHU de Rennes que maman assumait seule, les fêtes d'école, etc.

Maman espérait qu'il changerait avec le temps, qu'il redeviendrait comme avant, un papa aimant, qui me donnait le bain avec plaisir et me préparait à manger.

Mais, rien… Plus RIEN pour moi, mais tout pour le nouveau bébé, mon petit frère que j'admirais, que j'aimais câliner et lui faire des grattouilles pour m'amuser.

Mais papa me rouspétait sans cesse et me disait :

— Laisse-le, occupe-toi avec tes jouets…

Comme s'il craignait que mon « hépatoblastome » soit toujours présent et que je puisse le lui transmettre !

Son attitude envers moi mettait maman en colère et la tension à la maison était quasi permanente.

Ce que personne ne savait, ce que personne ne voyait, c'est que papa buvait, il écoutait la musique à fond, nous disait des méchancetés à ma maman et moi, mais jamais à mon petit frère.

Les mois, les années s'écoulèrent, mais l'ambiance était toujours pareille. Ils n'arrivaient même plus à se parler sans crier. Tout le monde souffrait et l'atmosphère était pesante.

Vers l'âge de huit ans, n'en pouvant plus du manque d'affection de mon père et des mots blessants qu'il me disait, j'ai fini par exploser en leur criant :

— Ça aurait été mieux pour tout le monde si j'étais morte…

STUPÉFACTION GÉNÉRALE !

Maman a beaucoup pleuré tellement ma réaction avait été brutale et inattendue.

Papa… RIEN… comme à son habitude, mais depuis ce jour, le fossé entre le lui et moi s'est creusé un peu plus, comme si j'avais percé son terrible secret !

Dans cette grande traversée du désert affectif, je me suis fabriquée petit à petit une carapace et avec le soutien de ma famille, je me suis autorisée à vivre, à me faire plaisir, mais ce n'était pas du goût de papa qui trouvait tout ridicule et qui se moquait de moi.

C'était très difficile pour moi, car il trouvait toujours tout nul !

Avec l'accord de maman, je me suis inscrite à la danse pour profiter ainsi d'une heure par semaine de quelque chose que j'aimais vraiment… danser !

Et retrouver ainsi l'entrain et la joie de vivre.

La situation ne s'améliorant pas, mes parents ont fini par divorcer en deux mille dix-huit.

Aussi choquant que ça puisse paraître, j'étais contente, soulagée, car le fait de me retrouver en la compagnie de papa m'était devenu insupportable !

Au-delà de mes blessures physiques que j'ai surmontées restent celles de l'âme que rien ni personne ne pourra me faire oublier.

Les mots blessants de mon père, ses moqueries et ses brimades résonnent encore dans ma tête !

Il m'a tenue responsable de son échec et me l'a fait payer au prix fort par son absence, son manque d'intérêt pour moi.

Il m'a privé à tort de tout ce qu'une petite fille attend de son papa… l'admiration, la fierté, les encouragements, sans oublier la tendresse.

Aujourd'hui, avec le recul, je ne sais pas exactement ce que j'éprouve pour lui entre colère et indifférence. Mais une chose est sûre, le présent et les années à venir ne combleront jamais ma petite enfance envolée, perdue à tout jamais !

Je suis et resterai toujours une écorchée, mais si je veux réussir, je sais que je dois abandonner mes réflexes de petite fille rejetée pour avancer et devenir une jeune femme comme les autres.

Me surpasser pour réussir et surprendre est la meilleure thérapie qui soit pour moi parce que j'ai besoin de reconnaissance pour me sentir bien, revalorisée, m'épanouir.

Et si ma biographie est aujourd'hui entre vos mains... alors, c'est que j'ai réussi !

Au début de leur divorce, nous ne nous voyions qu'un week-end sur deux, mais aujourd'hui, nous ne nous retrouvons qu'au moment des vacances, car papa a refait sa vie et travaille en Charente-Maritime (dix-sept). Je l'accepte mieux, mais notre relation reste toujours très compliquée, contrairement à mon petit frère qui aimerait passer plus de temps avec lui.

DEUX – VOYAGES ASSOCIATIFS

Pendant la durée de ma rémission, dans le cadre de mon suivi annuel au CHU de Rennes, j'ai bénéficié à mon plus grand bonheur de deux voyages inoubliables organisés par des associations en partenariat avec l'hôpital...

À chacun son Everest

À chacun son cap

À chacun son Everest.

Après la maladie… place à la vie !

« À chacun son Everest », c'est une histoire de rencontre, une histoire d'oser, une histoire de grand sommet, et c'est aussi un peu d'histoire d'un chemin de vie.

Chamonix est un endroit magnifique qui nous a permis de passer un séjour mémorable durant sept jours.

Nous dormions dans un très joli chalet au pied du Mont-Blanc où nous pouvions partager nos histoires, rigoler, et parfois pleurer, pour passer un moment inoubliable.

C'est très émouvant de se retrouver avec des enfants qui ont été malades comme moi, ça m'a permis de me rendre compte que je n'étais pas seule concernée.

Tout au long de ce séjour, on nous a appris à prendre confiance en nous et à nous surpasser. Chaque jour, on montait de plus en plus haut pour atteindre notre objectif… monter tout en haut d'un petit sommet du Mont-Blanc ; sept cent cinquante mètres de dénivelé nous attendaient.

En faisant NOTRE Everest, ça nous a prouvé que la maladie n'est pas qu'une maladie, mais un sommet avec toutes ces difficultés.

C'était dur, fatigant, on pleurait, on se décourageait, mais on y est tous arrivés !

On marchait, on grimpait, on partageait, pour avoir un autre regard sur nous-mêmes, nous prouver que l'on n'est pas que des enfants malades et montrer à tous qu'on a fait quelque chose d'énorme, que nous sommes des champions.

Sortir libres, fiers et légers de cette aventure extrême qui est le cancer.

Merci à Christine Janin.

À Chacun son cap.

Aider les malades à jeter la maladie par-dessus bord !

Affronter la mer pour mieux affronter la maladie, c'est avancer sur le chemin de la guérison, pour, un jour, jeter la maladie par-dessus bord !

« À chacun son cap » est un séjour d'une semaine sur un voilier au large des côtes bretonnes.

Son objectif : échapper au quotidien de la maladie, rompre l'isolement de la maladie, retrouver l'estime de nous-mêmes et confiance en nos capacités, et retrouver un sentiment d'autonomie et le sens des responsabilités.

Avec toute une vie créée autour de cette voile. Des belles rencontres, des rires, de l'autonomie, mais aussi des talents.

Chaque jour, on longeait la côte bretonne, chaque soir, on s'arrêtait à un port, pour se laver, visiter, marcher, etc.

Des équipages prêts à s'affronter autour de jeux loufoques, sans oublier les sorties plage.

On avait quartier libre le soir sur les deux voiliers autour de jeux, de chants, de danses, de mimes, et toujours dans la bonne humeur.

On chantait souvent sur mon voilier la chanson de Hugues Aufray *Le port de Tacoma*, car

« Tacoma » était le nom donné à mon voilier.

Pour clôturer la semaine, une soirée crêpes et une boum étaient organisées pour repartir la tête pleine de beaux souvenirs.

Ce fut une semaine inoubliable, j'ai pu me faire une copine, je suis restée en contact avec presque toutes les personnes, sur les réseaux sociaux.

J'ai eu la chance d'y avoir participé deux fois ; en juillet deux mille douze et en août deux mille dix-sept.

C'était génial ! Merci à tout le personnel qui nous a encadrés et bien fait rire !

Tacoma
BR

"À CHACUN SON CAP"

TROIS – MA SCOLARITÉ

Depuis la primaire jusqu'en cinquième, mes résultats scolaires étaient chaotiques, en dents de scie !

Sur les conseils de mamie Marianne, maman m'a payé des cours privés en maths, en français, etc. pendant une année, afin de mettre toutes les chances de mon côté pour réussir mon brevet des collèges. C'était dur, j'ai galéré pour arriver à avoir un niveau convenable.

Je pleurais, faisais des colères, me décourageais, persuadée que papa avait raison quand il disait que j'étais nulle et que je ne réussirais pas.

Aujourd'hui, je dis un grand MERCI à maman qui n'a pas baissé les bras et qui s'est privée pour me payer ces cours.

MERCI, Maman. Merci infiniment d'avoir cru en moi, car à la plus grande surprise de mon père, en août deux mille dix-neuf, alors que j'étais en vacances en Corrèze, j'apprenais que j'étais reçue avec mention « assez bien ».

Cette réussite m'a reboostée et redonné confiance en moi.

Aujourd'hui, je suis au lycée agricole d'Alençon, en formation SAPAT, « service aux personnes et aux territoires » pour devenir infirmière puéricultrice.

Travailler auprès des bébés dans un centre hospitalier, pour moi, c'est une évidence !

Je suis aujourd'hui une jeune fille pleine d'énergie nouvelle et d'amour à revendre, prête à relever d'autres défis.

QUATRE – MON APPENDICITE

En juin deux mille dix-huit, à l'occasion d'un week-end de garde de mon père, je partis chez lui avec des maux de ventre terribles que maman mettait sur le compte d'un gros stress.

Arrivée chez mon père, me voyant avec une mine décomposée, il pensa avec un certain agacement que je faisais semblant d'être malade, comme d'habitude, pour leur gâcher le week-end.

Désireux d'éviter toutes disputes, il ne me força pas à me mettre à table et me laissa tranquille dans mon lit.

Le samedi soir, discrètement, depuis ma chambre, j'appelai ma mère pour lui signaler que les douleurs devenaient insupportables et que je vomissais encore.

Craignant de mettre mon père en colère, elle renonça à l'appeler et me conseilla de lui redire, d'insister auprès de lui !

Seulement, j'avais beau me répéter, cela ne l'inquiétait pas plus que ça, persuadé que je jouais une fois de plus la comédie.

Sans trop y croire, je me suis adressée à sa nouvelle compagne qui a pris, à ma plus grande surprise, mes douleurs au sérieux, s'empressant d'alerter mon père sur une éventuelle crise d'appendicite.

Aveuglé comme d'habitude par sa colère, il répondit sèchement que ça n'était pas possible puisqu'elle avait été enlevée en même temps que mon opération du foie.

Il confondait en réalité l'ablation de ma vésicule biliaire avec l'appendice !

Mais ce n'était pas le cas du tout !

Le dimanche matin, après une nuit horrible, il m'accompagna enfin aux urgences. Après une attente de courte durée, une infirmière m'ausculta et me fit une prise de sang.

Dans l'attente des résultats, papa a prévenu maman qui est arrivée aussitôt pour prendre la relève.

Au vu de mes antécédents, les résultats étant mauvais au niveau du foie, le personnel hospitalier a préféré compléter les analyses en me faisant passer un scanner.

Tout de suite, l'inquiétude monta d'un cran, car un problème au foie laissait sous-entendre une rechute du cancer.

Mais il fallait attendre le scanner pour en savoir davantage…

Heureusement pour moi, les résultats démontraient une inflammation de l'appendice, à la limite quand même de la péritonite.

Je suis donc restée à l'hôpital jusqu'au mercredi midi.

Durant mon bref séjour, pas une seule fois mon père est venu me voir pour prendre de mes nouvelles ni même m'envoyer un texto ou me téléphoner pour s'excuser.

Peut-être craignait-il qu'on lui pose des questions embarrassantes ?

Bien que l'appendicite ne soit rien à côté du combat que j'ai surmonté auparavant, je garde néanmoins une peur des piqûres.

Et le moment de l'opération est arrivé !

L'anesthésie me fait particulièrement peur, car je crains de ne plus me réveiller. Ce pourquoi je me suis exclamée à mon réveil : « Dieu merci, je ne suis pas morte ! » et c'est donc avec le sourire et un très gros soulagement que j'ai regagné ma chambre.

Maman venait me voir tous les jours. Sinon, en son absence, je regardais beaucoup la télévision ou un DVD pour occuper mes journées.

Mon plus gros regret était de ne pas pouvoir assurer mon gala de danse avec ma copine « H » le samedi soir. Une très, très grosse déception pour moi !

Le lendemain, les infirmières m'ont demandé de marcher un peu. Sauf que j'avais la tête qui tournait et je n'arrivais pas à marcher correctement. L'infirmière a dit que cela était normal après être restée longtemps couchée. Alors, pour m'aider et trouver mon équilibre, j'ai poussé un fauteuil roulant qui était dans le couloir de l'hôpital et les bonnes habitudes sont très vite revenues.

Allant mieux le mercredi, je suis rentrée chez moi et je suis allée me reposer. Le lendemain, je suis retournée tant bien que mal au collège pour rendre un livre et récupérer les cours que j'avais manqués.

Au soir de la grande répétition du gala de danse, j'ai été spectatrice pour mes camarades, pour les encourager. Cependant, je pleurais à chaque danse que j'aurais dû interpréter, car j'avais beaucoup travaillé durant cette année, et j'étais triste d'être privée de ce grand moment de plaisir.

À la fin du spectacle, ma professeure de danse m'a fait monter sur scène pour me présenter et dire que si je n'avais pas pu danser ce soir, c'était pour des raisons médicales.

Une semaine plus tard, ma tante Lise me retira les fils pour que je puisse partir avec mes grands-parents paternels à Port-des-Barques, pour me reposer et passer une partie de mes grandes vacances en leur compagnie.

CINQ – MES PROJETS

Toutes ces épopées m'ont confortée et redonné une énergie débordante que je veux mettre aux services des personnes. C'est pourquoi, à l'âge de quinze ans, je me suis inscrite bénévolement aux deux associations, La Ligue contre le cancer et La Croix-Rouge française, pour pouvoir aider, secourir, soutenir, aider les personnes qui en ont tant besoin.

La Ligue contre le cancer.

Le plus important, c'est la vie !
Demain, nous irons plus loin !

L'association La Ligue contre le cancer fait tout ce qui est possible pour préserver la vie.

Parce que des millions de personnes sont concernées par la maladie, celle qui touche TOUS !

Parce que la maladie est complexe et a des conséquences multiples.

Son objectif est de chercher pour guérir, accompagner pour aider, prévenir pour protéger, aider et améliorer la qualité de vie des malades et leurs proches et aider les malades à surmonter l'après-cancer.

C'est donc pour cela que je me suis engagée en tant que bénévole dans cette association ; pour pouvoir être au contact des personnes malades, en souffrance, qui ont besoin d'écoute, de soutien, de compagnie.

Malheureusement, à cause de mon jeune âge, je n'ai pas le droit d'être au contact des personnes malades, ce qui m'a un peu découragée dans ma démarche, car je me sentais prête à affronter la réalité. Mais je suis quand même présente avec l'équipe de l'association d'Alençon pour discuter avec eux de leurs projets en attendant que je sois majeure.

À l'avenir, je m'engage à participer à **Octobre Rose** pour lutter contre le cancer du sein et récolter des fonds pour la recherche médicale, en participant à la course à pied organisé chaque année dans de nombreuses villes.

Aider les personnes qui ont besoin d'aide est un devoir que nous avons tous !

La Croix-Rouge.

La Croix-Rouge française est une association d'aide humanitaire.

Son objectif est de venir en aide aux personnes en difficulté.
Ils interviennent dans l'urgence, le secourisme, l'action sociale, la formation et la santé.

J'ai voulu être bénévole à la Croix-Rouge, car j'ai passé mon diplôme de secouriste en deux mille dix-neuf et je trouvais cela bien de mettre mes connaissances en application lors d'urgences ou de secourisme, sous l'œil bienveillant de l'équipe.
J'ai aussi participé à la formation du PSCun, le diplôme de premiers secours, pour faire la victime, ce qui implique de jouer la comédie en criant pour simuler des douleurs, imiter une coupure, s'étouffer pour de faux… Un exercice essentiel, mais qui n'était pas vraiment mon point fort.

La Croix-Rouge vient aussi en aide aux personnes sans domicile fixe en proposant des solutions d'hébergement, un repas offert, des vêtements chauds pour l'hiver, etc., mais intervient aussi pour le bien-être et la bientraitance des enfants dans leurs familles.
J'espère pouvoir y participer un jour.

Faites comme moi, aidez les personnes en détresse !

POSTFACE

En écrivant mon histoire, mon ambition première est de traduire la parole, le ressenti du patient.

Ayant été moi-même au cœur d'un combat long et douloureux tant sur le plan physique que moral, personne ne peut par conséquent contester mon statut de témoin privilégié.

Si dans un réflexe de survie, on est tenté d'effacer de sa mémoire les moments les plus douloureux, moi, je savais que je devais les partager parce qu'une expérience doit servir !

De la même façon, je n'ai écrit ni pour accuser ni pour me plaindre, mais pour aider à mettre des mots sur les maux et pour que mon histoire soit porteuse d'espoir pour toutes les personnes qui se battent encore aujourd'hui.

Ce livre est le récit le plus fidèle de ce que j'ai vécu.

Il s'agit de ma biographie, racontée en partie par ma famille, puis de l'autre aux souvenirs plus récents que j'ai gardés.

La maladie a failli me vaincre, mais c'est elle qui a été vaincue !

Mon ouvrage est terminé.
Ce livre est là, devant moi.
Le sentiment qui m'envahit est unique.
C'est une joie qui m'inonde,
Le plaisir d'une tâche accomplie,
La fierté d'un travail appliqué.

Aujourd'hui, je me suis reconstruite.
Je suis forte, courageuse, heureuse.
Ce livre m'a permis de me libérer de ce fardeau
*Qui m'*étouffe depuis si longtemps.
J'espère que mon histoire vous aura touchées,
Mais surtout, qu'elle aidera les personnes malades.

Avec ce livre, je voulais faire passer un message :
« Surmontez toutes les épreuves de la vie, avancez, faites-vous plaisir… PROFITEZ ! »

REMERCIEMENTS

Avant tous ces remerciements, je voudrais dire un énorme merci à ma mamie Marianne, qui m'a soutenue depuis le début dans ce livre. C'est elle qui m'a aidée, c'est elle qui m'a corrigée, c'est elle qui m'a raconté ma maladie, c'est à elle que je veux dire... MERCI !

Sans toi, Mamie, jamais je n'aurais pu finir ce livre, jamais je n'aurais pu connaître mon histoire, ma maladie, mon passé.

Sans toi, Mamie, je me serais découragée et je n'aurais pas écrit ce livre.

Sans toi, Mamie, le manuscrit n'aurait pas eu d'avenir.

Sans toi, Mamie, je n'aurais pas réussi !

Tu es un trésor de famille, une belle âme, un être qui fait de la lumière, tu es ma jolie grand-mère !

Un grand merci aussi à ma surveillante d'internat au lycée qui m'a donné l'envie d'écrire, l'envie de raconter mon histoire aux autres, l'envie d'avoir une trace écrite que je tiendrai dans mes mains.

Et merci aussi à ma famille et à ma maman de m'avoir donné des idées, des souvenirs et des photos qui m'ont permis d'illustrer mes pages.

Je veux aussi adresser mes plus profonds remerciements à tous ceux et toutes celles qui ont été témoins de mon long parcours vers la guérison.

Merci à ce gentil médecin inconnu qui a su réagir à temps pour me sauver.

Merci au professeur et à ses deux confrères pour leur professionnalisme.

Merci aux équipes soignantes pour leur patience et leur douceur à revendre.

Merci à ces gentils clowns pour leur bonne humeur et leur gentillesse.

Merci à toute ma famille pour son soutien extraordinaire. Au-delà des soignants et des traitements, c'est elle qui m'a sauvée.

Merci à tous pour l'Amour, les prières, les visites et toutes les bonnes attentions à mon égard.

Mais aussi merci aux personnes qui ont pris le temps de relire, corriger et imprimer ce manuscrit.

À présent, je suis emplie d'une énergie nouvelle, prête à vivre de nouvelles et belles aventures.

Oui, je dois le dire : la chance m'a souri.
Oui, je le reconnais volontiers : je suis une privilégiée.

Ma gratitude est immense.
« Merci à tous. »

TABLE DES MATIÈRES

Imprimé en France
ISBN 979-10-284-1263-0
Dépôt légal : 1er trimestre 2021

Imprimé en France
FROC031546200121
26364FR00018B/227

9 791028 412630